डीपर ईंटो ड्रीम्स

THE FEELING OF ALONE MIND

हर्षित कश्यप

क्रम-सूची

प्रस्तावना — v

1. मेरी अधूरी कहानी — 1

2. सलाम कलाम — 2

3. अज्ञात — 3

4. इश्क — 4

5. जिंदगी — 5

6. जीवन का दर्द — 6

7. ज़िन्दगी जी मैंने — 7

8. लहू का दाग — 8

9. एक सोच — 9

10. आज़ादी — 10

सुख-दुःख के मायने — 13

प्रस्तावना

मनुष्य के बिना देश हो ही नहीं सकता, और जहां कहीं भी मनुष्य होगा वहां देश होगा ही होगा। मनुष्य बड़ा है देश से, क्योंकि मनुष्य बनाता है देश। देश की सत्ता, मूल्य, नियम-कानून, रीति-रिवाज, खानपान, रहन-सहन, भाषा, लिपि, धर्म, धार्मिक कर्मकांड व संस्कृति सभी कुछ मनुष्य ही बनाता व निर्धारित करता है। मनुष्य है तो देश है, बिना मनुष्य के देश का कोई अस्तित्व नहीं। यही सहज सामाजिक तथ्य है, शेष तर्क व परिभाषायें राजनैतिक व धार्मिक सत्ताओं द्वारा अपने वर्तमान अस्तित्व के लिये तोड़मरोड़ कर उनके अपने निहित-स्वार्थों के लिये थोपी गयीं परिभाषायें व तर्क हैं।

मनुष्य देश का जनक, निर्माता, पोषक व उत्तमता तक पहुंचाने वाला होता है। देश मनुष्य की अपनी जीवंतता व उसके जीवन में व्याप्त परस्परता की जीवंतता से बनता है, इसलिये देश राजनैतिक सीमाओं की निर्जीव-वस्तु न होकर, जीवंत-वास्तविकता होता है जिसका निर्माता मनुष्य होता है। मनुष्य और देश का गूढ़ गतिशील, चारित्रिक व जीवंत-रचनात्मक संबंध होता है।

जिस दिन भारत का मनुष्य यह यथार्थ समझ जायेगा कि देश मूलरूप से मनुष्यों से बनता है, न कि निर्जीव कानूनों, कानून की किताबों, संविधानों, धार्मिक सत्ताओं या राजनैतिक सत्ताओं से; उस दिन भारत का मनुष्य अपने देश का पूरा का पूरा चरित्र एक झटके में बदल लेगा।

यही बदलाव का दिन वास्तविक व व्यापक परिवर्तन का दिन होता है। सत्ता को चलाने वाले वैयक्तिक-समूहों, दलगत-समूहों को बदलना वास्तविक व व्यापक परिवर्तन नहीं होता है।

मनुष्य देश का जनक, निर्माता, पोषक व उत्तमता तक पहुंचाने वाला होता है, इस यथार्थ को समझना व चारित्रिक रूप से जीना ही मनुष्य का लोकतांत्रिक होना है। मनुष्य की इस लोकतांत्रिकता के द्वारा ही उसका देश लोकतांत्रिक बनता है। किसी देश को उस देश को बनाने वाले मनुष्य लोकतांत्रिक बनाते है, दूसरे शब्दों में लोकतांत्रिक मनुष्य ही देश को लोकतांत्रिक बनाता है, न कि देश का कानून, संविधान व सत्ता प्रणाली। सत्ता प्रणाली राजतंत्रीय होते हुये भी देश व देश का मनुष्य लोकतांत्रिक हो सकता है।

मनुष्य देश का निर्माण करता है। देश का निर्माण धार्मिक समूहों, राजनैतिक समूहों व आर्थिक तंत्रों आदि पर न तो निर्भर करता है और न ही इन सब से देश निर्माण की अपेक्षा ही की जानी चाहिये।

देश निर्माण मनुष्य की जिम्मेदारी है। धार्मिक समूह, राजनैतिक समूह व आर्थिक तंत्र आदि मनुष्य द्वारा निर्मित देश के विभिन्न अवयव होते हैं, जिनको वर्तमान प्रासांगिकतानुसार परिवर्तित किया जा सकता है। मनुष्य देश निर्माण की प्रक्रिया में विभिन्न अवयवों का निर्माण करता है, फिर उन्हें परिवर्तित करता है। अवयवों के निर्माण व परिवर्तन की प्रक्रिया में वह सीखता है और बेहतर निर्माता बनता है। और यही बनाना और सीखना ही मूलरूप में लोकतांत्रिक होना होता है.... यही है लोकतंत्र का मूलभाव।

देश मूल रूप में मनुष्य की सामाजिकता की गतिशील-जीवंत-चारित्रिक रचनात्मकता है। इसलिये जैसा मनुष्य होगा वैसा ही देश होगा। मनुष्य जब चाहे तब देश का नाम, देश की परंपरायें, देश के कानून, देश का संविधान, देश का भूगोल, यहां तक कि देश का नाम तक बदल सकता है।

सत्ताओं में व्यापक-सामाजिक-परिवर्तन का कोई सामाजिक-अवतार नहीं होता

सामाजिक-अवतार राजनैतिक, धार्मिक व आर्थिक सत्ताओं से इतर आम-मनुष्य के समाज में होते हैं

राजनैतिक, धार्मिक, आर्थिक व नौकरशाही तंत्रों में कोई भीसामाजिक-अवतार नहीं होता जो सामाजिक-अवतार जैसे दिखते हैं वे सभी किसी न प्रकार से व किसी न किसी स्तर पर प्रायोजित ही होते हैं। सामाजिक-अवतार तो आम समाज से अंकुरित व पुष्पित होते है और मनुष्य निर्मित सत्ताओं के बिना रहते हैं। क्योंकि यदि सामाजिक-अवतार मनुष्य निर्मित सत्ताओं के द्वारा समाधान की शक्ति प्राप्त करते हैं, तो ऐसे सामाजिक-अवतार मनुष्य निर्मित उन्ही तंत्रों के ही अधीन हुये, जिन तंत्रों को परिवर्तित करने की आवश्यकता है। ऐसी परिस्थिति में तंत्रों की सत्ताओं के विरुद्ध जानें का साहस व दृष्टि हो ही नही सकती है। इसीलिये तंत्रों द्वारा प्रायोजित सामाजिक-अवतार कभी भी सामाजिक समाधान व परिवर्तन की ओर नहीं चल पाते है, ऐसे सामाजिक-अवतारों की उपलब्धियाँ भी प्रायोजित ही होती हैं।

भारतीय समाज में तो कुत्ता, बिल्ली, चूहा, सुअर, चिड़िया, सांप, कछुआ, गाय, बैल आदि जैसे गैर-मानव योनि जीव भी सामाजिक-अवतारों के रूप में प्रतिस्थापित किये गये हैं। इनको किसी भी प्रकार की मानव निर्मित सत्ताओं की ताकत नहीं मिली।

सामाजिक-अवतार यदि सत्ताधीश है तो वह वास्तव में आम मानव का वास्तविक सक्रिय आदर्श नहीं हो सकता क्योंकि मानव निर्मित सत्ताओं की रूप-रेखा शुंडाकार-स्तंभ (पिरामिड) की तरह होती है, जिसमें सबसे नीचे का आधार सबसे चौड़ा और सबसे ऊपर की चोटी सबसे नुकीली और सबसे कम चौड़ी होती है।

मानव निर्मित सत्ताओं में जो जितना ऊपर होगा वह उतना ही कम चौड़ा और अधिक नुकीला होगा और अपने से बहुत ही अधिक लोगों को दबाकर व दबाये रहते हुये ही और ऊपर पहुँचता है। इसीलिये मानव निर्मित तंत्रों के सत्ताधीश लोग कभी भी आम मनुष्य के प्रति संवेदनशील नहीं हो पाते, व्यापक-समाधान की दृष्टि नही रख पाते हैं। यही कारक है जिनके कारण ऐसे लोग सामाजिक परिवर्तन व समाधान के सामाजिक-अवतार नहीं हो पाते हैं। सामाजिक-अवतार तो बहुत सहज, सामान्य व मानव निर्मित तंत्रों की सत्ताओं के बिना ही हो पाते हैं।

विश्व में अ-आयुधनिक सहज वैज्ञानिक-आविष्कार, सामाजिक परिवर्तन, सामाजिक विकास, वैचारिक क्रांतियां आदि आम समाज से निकले आम मनुष्यों द्वारा मनुष्य-निर्मित धार्मिक, राजनैतिक, आर्थिक आदि सत्ताओं का विरोध व प्रताड़ना झेलकर ही हुये हैं।

यह किताब धन, मोहकता व मीडिया आदि के प्रायोजन के कारण बड़े दिखने वाले अदूरदर्शी व तात्कालिक लक्ष्य वाले कार्मों की चर्चा को नहीं करेगी या अत्यधिक प्रासांगिक होने पर ही करेगी। किताब मे ईमानदार व दूरदृष्टि वाले प्रयासो की चर्चा की गई है। जिनसे वास्तव मे समाज का वास्तविक विकास हो सकता है, दिखा है, हुआ है। इनमें से लगभग सभी कार्मों को या तो मैंने नजदीक से देखा है, या मै खुद सक्रिय रूप से भागीदार रहा हूँ। यह किताब उद्योगपति, नौकरशाह, किसान, सामाजिक-संस्था आदि के द्वार आम-मनुष्य के तौर पर किये गये कार्यों व प्रयासों की बात करती है, जिनने देश व समाज को उत्तमता की ओर बढ़ने की दिशा दी, प्रेरित किया, गति दी।

यह किताब उन लोगों के लिये बहुत कुछ लिये हुये है, जो लोग भारतीय समाज के विकास व समाधान के लिये ईमानदार सोच व प्रतिबद्धता रखते हैं।

यह किताब ऐसे ही मनुष्यों को समर्पित है, ऐसे ही लोगों की चर्चा करती है, जो संज्ञानता या बिना-संज्ञानता के देश के निर्माण, पोषण व उत्तमता की ओर ले जाने के लिये विचार करते हैं, प्रयास करते हैं, कर्म करते हैं।

यह किताब ऐसे ही मनुष्यों को समर्पित है, ऐसे ही लोगों की चर्चा करती है, जो संज्ञानता या बिना-संज्ञानता के देश के निर्माण, पोषण व उत्तमता की ओर ले जाने के लिये विचार करते हैं, प्रयास करते हैं, कर्म करते हैं।

1. मेरी अधूरी कहानी

ढलते दिन का संगीत सुनकर,
रखता हूँ राख, बुझते जीवन से चुनकर,
काल के कपाल पर लिखता मिटाता हूँ,
एक अधूरी सी कहानी है, जो मनभर गुनगुनाता हूँ!!
तारों में लिखी कहानी चुनकर,
खिलता हूँ एक आखरी निशानी बनकर,
रेत के घरौंदे सा रचता मिटाता हूँ,
एक अधूरी सी कहानी है, जो मनभर गुनगुनाता हूँ!!
फूलों से टपकी लोरियाँ सुनकर,
रखता हूँ नींद से सपने चुनकर,
परियों के किस्सों सा जीवन गढ़ता जाता हूँ,
एक अधूरी सी कहानी है, जो मनभर गुनगुनाता हूँ!!
पुरवाई के झोंकों से झूमकर,
रखता हूँ मौजों को सहेज कर,
पानी की बूँदों सा बहता जाता हूँ,
एक अधूरी सी कहानी है जो मनभर गुनगुनाता हूँ!!
रात के अंधेरों से लिपट कर,
रखता हूँ तारों को समेट कर,
अमावस के चाँद सा खिलता जाता हूँ,
एक अधूरी सी कहानी है,जो मनभर गुनगुनाता हूँ!!!

2. सलाम कलाम

कहानी किस्सों से हटकर सच्चा पैगाम लिखूं
है भारत की चमक जिससे वो मैं तमाम लिखूं
प्रक्षेपास्त्र निर्माण की सारी यहाँ मिसाल लिखूं
सार्वजनिकता में लिप्त शख्स बेमिसाल लिखूं
उनके विचारो की व्यक्तिगाथा शानदार लिखूं
होती जो कभी समाप्त नहीं, मैं बारम्बार लिखूं
ऊँचे विचारो के साथ व्यक्ति वो आम लिखूं
मैं कलम की शोभा बढ़ा, अब्दुल कलाम लिखूं
दिन का पहला सूर्य का होता मैं आभास लिखूं
आठो पहर में ज्ञान भंडार समेटे प्रकाश लिखूं
है नहीं मौजूद किसी में जो, वो मैं बात लिखूं
तिमिर को हटाता रवि होता मैं विख्यात लिखूं
कल का बीता साज, आज की पहचान लिखूं
नव भारत निर्माण के स्तम्भ ओ लिखूं
रुके न कलम ये, इक दिन सुबह से शाम लिखूं
लिखने के इसी क्रम में अब्दुल कलाम लिखूं.

3. अज्ञात

अज्ञात से सवाल का
अज्ञात सा जवाब है
अज्ञात सी मेरी नींद में
अज्ञात सा इक ख़्वाब है
अज्ञात से महासागर में अज्ञात सा ही आब है
मेरी हैसियत कुछ भी नहीं कोई अज्ञात ही लाजवाब है।

4. इश्क

सुना है इश्क के किस्से आंसुओं में सिमट जाएंगे
यह हंसी खुशी के पेड़ पतझड़ों में लिपट जाएंगे
एक तो हम आशिक नादान दूसरा जमाना तेज
घर से निकले तो भी तेरी गलियों में खो जाएंगे।

5. जिंदगी

फिर ना सिमटेगी मोहब्बत,जो बिखर जाएगी,
जिंदगी जुल्फ नहीं है जो फिर, संवर जाएगी.!
थाम लो हाथ उसका जो, प्यार करे तुमसे,
क्योंकि यह जिंदगी ठहरेंगी नहीं,गुजर जाएगी.!

6. जीवन का दर्द

वो एक दिन मेरी डायरी पढ़ने बैठी
पहला ही पन्ना पढ़ा और झटके में
पांच, छह पन्ने पलट दिए
शायद वो दर्द को पीछे छोड़ देना चाहती थी
लेकिन उसे अंदाज़ा न था
कि वह किनारा छोड़
अंदर सागर की तरफ जा रही है !!

7. ज़िन्दगी जी मैंने

ज़िन्दगी जीते-जीते आया एक अजनबी खयाल

क्या कभी ज़िन्दगी जी मैंने? कौंधा ये सवाल

हरपल रहा बस सुनहले ख्वाबों में खोया

रचा निज विचारो का संसार, कभी हंसा तो कभी रोया

निष्फिक्र होकर, बन विक्रम, बचपन बिताया

न जाने कब फिर मैं "किशोर कुल" में आया

अभी भी ज़िन्दगी से दूर खोया रहा किताबों में

कभी अन्वेषक तो कभी जनसेवक, रोज बनता मैं ख्वाबों में

यूँ ही फिर एक दिन, दिल के किसी कोने में कोई फूल
खिला

कोई अजनबी लगा आने ख्वाबों में, हुआ शुरू ये सिलसिला

फिर क्या आरज़ू जगी दिल में , तड़प ने उससे मिलवाया

फिर उदित हुआ नव भ्रम रवि, लगा जैसे मैं सब कुछ पाया

मित्र-मस्ती, चहल-पहल-, प्रेमिका-और-प्यार

इन्ही में कुछ पल टिका रहा मेरा जीवन संसार

अभी भी दूर था , मुझसे-मुझ तक का फासला

अभी भी न मिटा ज़िन्दगी और मेरे बीच का फासला

फिर ज़िन्दगी कुछ आगे चली, फिर आया एक मोड़

फिक्र-ऐ-रोजगार में आया सबकुछ पीछे छोड़

जब खाई ठोकरें तो हुआ वास्तविकता का कुछ बोध

कुछ-हद तक पहचाना ज़िन्दगी को, चाहा करना इसपर शोध

पर समय कहाँ ठहरा ? जीवन चक्र चलता रहा निरंतर

बस यूँही घटता-बड़ता रहा ज़िन्दगी और मेरे बीच का अंतर...

8. लहू का दाग

आखिर किस सभ्यता का बीज बो रहे हैं लोग
अपनी ही गलतियों पर आज रो रहे हैं लोग
हर तरफ फैली है झूठ और फरेब की आग
फिर भी अंजान बने सो रहे है लोग
दौलत की आरजू में यूं मशगूल हैं सब
झूठी शान के लिए खुद को खो रहे हैं लोग
जाति, धर्म और मजहब के नाम पर
लहू का दाग लहू से धो रहे हैं लोग
ऋषि मुनियों के इस पाक जमीं पर
क्या थे और क्या हो रहे है लोग

9. एक सोच

एक सोच को पकड़ कर मैं कुछ इस क़दर बैठा रहा,
सही ग़लत का पता नहीं बस उसे सोचता सिता रहा,
सोच सोच के ख़्यालों में विचारो को मैं बुनता रहा,
और सही ग़लत में हर बार मैं ग़लत को ही चुनता रहा,
ये ग़लतफ़हमी ही थी की सब कुछ ग़लत ही था,
सारी रात इसी जंग को मैं फ़िज़ुल, बेबस लड़ता रहा !!
सुबह का सुरज़ जब चढ़के माथे पे आया,
विचारों का ये माया जाल भी थोड़ा बिखराया,
पर, शायद अब देर हो चुकी थी,
गलतफहमियाँ अब सोच बन चुकी थी,
एक सोच जिसका ना कोई आइना था,
वो सोच जिसका न कभी सच से सामना था,
इस सोच सोच ने इतने सितम ढहा दिए
जो गुनाह किए नहीं नाम अपने करा लिए!!!

10. आज़ादी

कल अख़बार में पढ़ा , के देश आज़ाद हो गया है
और यह भी पढ़ा के देश को आज़ाद हुए बरसों हो गए हैं
बड़ा ताज्जुब हुआ ! शायद कोई और देश होगा,
मुझे आज़ादी कब मिलेगी? मेरा देश कब आज़ाद होगा
वैसे देखा तो है, सरकारी बाबुओं को आज़ादी से जीते हुए
उन्हें आज़ादी है काम ना करने की, देर से आने की,
जल्दी जाने की, खाने की, खा कर भी काम ना करने की
शायद यह भी एक तरह की आज़ादी है - जिम्मदारियों को
ना समझने की
मुझे आज़ादी कब मिलेगी? मेरा बोझ कब कम होगा?
देखा है अख़बार-नविसों को खबरें बनाते हुए
सितारों की छींक को देश पर ख़तरा बताते हुए
लोगों की मौत पे रोटियाँ पकाते हुए
उन्हें आज़ादी है किसी को अहमियत देने या ना देने की
मुझे आज़ादी कब मिलेगी? मेरी अहमियत क्या है?
गली के सारे निडर अब लीडर बन गए हैं, निडरता अच्छी
बात है
वे निडरता से जब चाहे जहां चाहे आ जा सकते हैं
या किसी का आना जाना रोक सकते हैं
मैं महीने की तनख़्वाह घर ले जाते डरता हूँ, हर बात पे
डरता हूँ
मुझे आज़ादी कब मिलेगी? मेरा डर कब जाएगा?

कभी किसी ने कहा था " तुम मुझे खून दो - मैं तुम्हें
आज़ादी दूँगा"
आज मच्छर से लेकर मिनिस्टर तक, सब आज़ादी से मेरा
खून चूसते हैं
मैं रात भर जागता रहता हूँ, वो दिन भर सोते रहते हैं
मुझे आज़ादी कब मिलेगी? मुझे नींद कब आएगी?
मेरा देश कब आज़ाद होगा?

सुख-दुःख के मायने

सुख और दुख दो अलग अलग अहसास हैं मगर दोनों एक दूसरे के पूरक हैं ,बिना दुःख के आएं सुख के मूल्य से हम अनजान रह सकते हैं और केवल सुख ही सुख मिले तो हम अहंकारी बन जाते हैं व दूसरे के प्रति संवेदना शून्य हो सकते हैं क्योंकि हमें ये अहसास तक नहीं हो सकता हैं , सामने वाला बोल रहा हैं कि वो बड़े दुःख के हालतों से गुजर रहा हैं उसको बहुत पीड़ा हैं ,वो दर्द में हैं ! ये सब बातें वो व्यक्ति नहीं समझ सकता कि जिसको कभी दर्द, पीड़ा, कठिनाई हुई ही न हो! ठीक वैसे ही अगर किसी को जीवन में केवल दर्द और पीड़ा, तनाव ,अपमान, प्रताइना अर्थात जीवन में केवल दुःख ही देखने को मिला हैं तब इसे व्यक्ति से कैसे कहें कि तुम खुसी की बात करो! सुख का वर्णन करो या फिर सुख को परिभाषित करो! वो कर ही नहीं सकता! क्यों! क्योकि उसको कभी सुख की अनुभूति हुई ही नहीं! (यहाँ एक लोकोक्ति कहना चाहूंगी की जांके पैर न फटे बिवाई, वो क्या जाने पीड़ पराई) तो इस प्रकार से सुख और दुःख दोनों ही मानवीय पहलू समझने के लिए आवश्यक हैं । इसीलिए सायद ईश्वर ने कर्म फल बनाया होगा कि जैसा कर्म करोगे वैसे फल भोगने होंगे हम मानवों हाँ ये दीगर हैं कि फल किस जन्म के कब भोगने हैं ,साथ ही ईश्वर (प्रकृति ने)ये भी अपने हाथ में ही नियंत्रण में रखा हुआ हैं कि कौनसे तरीके से किस कर्म का प्रतिफल मनुष्य को कब-कब,कैसा-कैसा देना व भुगतना हैं। अब रही बात व्यक्ति के स्वयं के आभास करने की कि उसको किस बात से सुख मिलता हैं और किस बात से दुःख! ये प्रत्येक इंसान का मेरे ख्याल से निजी विचार हैं ,हो सकता हैं जिस बात से मुझे

खुसी और सुख मिले उसी बात से आपको दुःख पहुंचे! या उससे आप खुस नहीं हों! एक बहुत साधारण सा उदाहरण हैं कि एक बच्चा हैं जो कि बार बार आग की लपटों की तरफ जा रहा होता हैं या मां की गोद से उतरकर उस तरह जाने को मचलता हैं तो उस बच्चे के लिए वैसा करना सुख पाने और खुसी महसूस करने की जिद्द हो हालांकि उसको नहीं पता हैं कि आग को छूने पर क्या होगा मगर बच्चे की माँ उसको उस सुख को प्राप्त करने से रोक रही हैं क्योंकि उसे पता हैं कि अगर वो ऐसा करेगा तो परिणाम क्या होगा! ऐसा ही बहुत कुछ हर उम्र हर वर्ग के साथ होता हैं ...इस विषय पर तो बहुत लंबी चौड़ी परिचर्चा और वाद विवाद दोनों हो सकते हैं भाईसाहब ,इस लिए अभी विराम दूँगी और यही कहूंगी की सुख और दुख की परिभाषा तो हम सभी के लिए अलग अलग हैं किसी के लिए सामाजिक बंधन को निभाना हैं तो किसी के लिए उन बन्धनों को तोड़ना हैं दोनों ही वजहों में अपने अपने स्तर के सुख व दुःख निहितार्थ हैं ,हम सभी ईश्वर की इच्छा के अधीन इन भावों को सहन करते ,भोगते हैं.